Worte wie Flügel

Gedichte - Gedanken - Gebete

Text: Anne Caprano

Graphik Gedankenflügel & Gebetsflügel:
Peter Caprano

Graphik Engelsflügel:
Willy Reidelbach

Herstellung und Verlag:
Books on Demand GmbH, Norderstedt
ISBN 978-3-8423-3341-3

Ich danke von Herzen

Carolin
Willy
und besonders Peter

für alle Unterstützung durch Rat und/oder Tat.

Liebe/r Leser/in,

all die von mir aufgeschriebenen Worte in diesem Büchlein sind „Gedankensplitter" und erheben keinerlei Anspruch auf Vollständigkeit. Sie mögen vielmehr dazu ermutigen, sich eigene Gedanken zu machen.....

Kennst du das auch?
Ich „begegne" einem Wort und es lässt mich nicht mehr los. Es „beschäftigt" mich und schließlich trägt es mich davon in die Welt der Gedanken.

Sei herzlich eingeladen zu dieser kleinen Flugreise in mein Gedanken-Land, die Flügel stehen schon bereit ☺

Anne Caprano

Engelsflügel

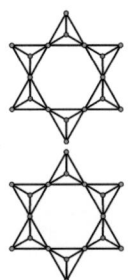

Danke
Engel
für dein Dasein.
Für die Weite deiner „Flügel"
die ich gleichsetze
mit der Weite
deines Herzens.

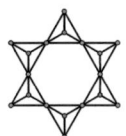

Engel
der du liebevoll
begleitest,
dein Strahlen
in die Welt
schickst,
aufmerksam
achtest,
beschützend
da bist,
berühre
mich
bitte
mit
deinem
Licht.

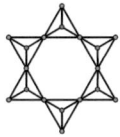

Dann und wann
begegnen wir Menschen
die im richtigen Moment
einfach da sind,
ein gutes Wort für uns haben,
uns zur Seite stehen,
uns helfen.
Eben wie Engel.

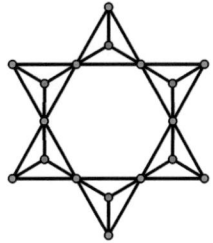

Unermüdlich
wachst du
Engel,
beschirmst
jeden Weg,
wohin
auch immer
er führen mag.

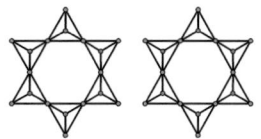

Zu wissen
dass du da bist,
immer,
zu jeder Zeit
mich führst
Engel,
gibt mir Sicherheit.
Hilft mir
beim Hinhören,
beim Hinspüren,
beim Fühlen
und Sehen.
Dafür Danke.

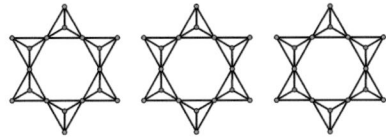

An meinen Engel

Ich sehe dich.
Groß und mächtig
stehst du im Licht.
Lichtgestalt.
Ich wage kein Wort,
nehme dich wahr
in deiner Vollendung.
Betrachte dich
mit meinen Gedanken
mit meiner Seele,
mit meinem Sein.
Fühle mich dir so nah
und doch so fern.
Weiß,
du bist die Wahrheit
zwischen Gestern und Morgen.
Du bist.
Ich bin.

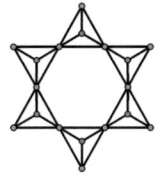

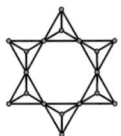

...kleine, weiße Feder,
liegst plötzlich vor mir,
angeweht von nirgendwo -
ganz zart dein Flaum,
ganz weich deine Berührung...

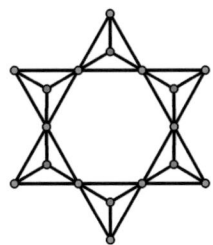

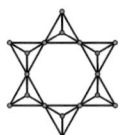

Engel

Ich träume!
Träume ich?
Meine Seele hört leises Geläut.
Mein Herz schaut -
und nimmt dankbar
dieses Geschenk.
Ich träume!
Träume ich?

Gedankenflügel

Vertrauen

Nur eine Handvoll Vertrauen

So lautet der Titel eines kleinen Heftchens das ich im Berg- Kloster Bestwig erstanden habe. Mit zielsicherem Griff habe ich es mir unter vielen Ratgebern und Büchlein „herausgefischt".
Fehlt es mir manchmal, das Vertrauen?

Es fehlt mir ganz oft. So schnell lasse ich innere Verzweiflung zu, die sich dann ausbreiten kann zu innerer Ohnmacht weil ich dieser Verzweiflung nicht sofort Einhalt gebiete. Bin dann kleingläubig und mutlos.

„Du brauchst mehr Gottvertrauen!" Dies ist ein Satz, den meine Mutter mir in schwierigen Zeiten immer wieder sagte. Ich tat mir schwer damit, doch ich spürte und spüre dass es in mein Herz will, dieses schöne Wort.
Mehr und mehr soll ich es zulassen, in mein Leben einlassen und mich üben im Vertrauen haben. Denn Vertrauen gibt Sicherheit, Mut und Kraft und Stärke.

Wenn das Vertrauen fehlt, können sich Zweifel einstellen und wenn diese Zweifel sich vermehren, schwindet auch der Glaube. In solchen Momenten ertappe ich mich, dass ich dann sehr schnell bereit bin mehr an Andere und ihr Können zu glauben als an mich selbst. Selbstzweifel stellen sich ein, völlig unnötig und völlig unberechtigt.
Dann muss ich mich wieder „zurückholen" ins Vertrauen.

Doch mitunter passieren ja auch Dinge im Leben, die den Boden unter den Füßen hinwegziehen und Angst ist plötzlich da. Man kommt nicht mehr klar mit dem, was geschehen ist. Ja, oft werden wir an unsere Grenzen geführt und dann ist es besonders schwer zu vertrauen.

Man kann es üben und lernen, das Vertrauen haben.
Mir hilft dabei, mich jemandem anzuvertrauen. Einem andern Menschen zu erzählen, was mich belastet, ihm mein Herz auszuschütten.

Ich darf aber auch mein Herz vor Gott ausschütten, meine Sorge und Not vor Ihm ausbreiten. Er hat immer Zeit, ob Tag oder Nacht, ich darf immer zu Ihm kommen.

Und bisweilen hilft mir auch, dass ich mir immer und immer wieder suggeriere: ich vertraue, ich vertraue voll und ganz!
So gibt es verschiedene Wege, und jeder soll den seinen finden.....

Möge das Vertrauen mich und auch dich im Leben begleiten.

Liebe und Vergebung

Die höchste aller Arzneien ist die Liebe (Paracelsus)

Ich bin mir sicher, dass Paracelsus die allumfassende, uneingeschränkte, bedingungslose Liebe zu sich selbst, zu Anderen, zur ganzen Schöpfung meinte. Eine Liebe, die Heilung bringen darf, wie auch immer diese Heilung sich zeigen mag.

Liebe bedeutet für mich: gut sein, integer sein, zugeneigt sein, einer starken Empfindung fähig sein.
Zu lieben bedeutet nachsichtig sein, achtsam sein, wohlwollend sein, aufmerksam sein, barmherzig sein, und vieles mehr....

Liebe deinen Nächsten wie dich selbst.
Nur wenn ich fähig bin, mich selbst anzunehmen und zu mir stehe, mich selbst liebe und achte, kann ich von dieser unerschöpflichen Fülle, die Liebe ausmacht, auch an Andere abgeben, sie als Nächstenliebe, Freundlichkeit und Be-Achtung weitergeben.

Ein Schritt hin zu dieser uneingeschränkten, bedingungslosen Liebe kann der Schritt der Vergebung sein. Vergebung für sich selbst und für die Menschen, mit denen man nicht im Reinen ist.
Für mich sind diese beiden besonderen Wörter verknüpft.
Das Eine kann nicht ohne das Andere.

Als ich begann, mein Leben zu überdenken, mich auf dieses Thema einzulassen, war ich sehr überrascht, wie vielen Menschen ich zu vergeben hatte und - mehr noch, wie oft ich Andere um Vergebung zu bitten hatte, einschließlich mir selbst.
Dies war und ist ein Prozess, der lange Zeit dauerte und der noch anhält.
Nicht bei allen Menschen ist es mir möglich gewesen persönlich um Verzeihung, oder um Vergebung zu bitten und so tat oder tue ich dies innerlich. Immer wieder aufs Neue.

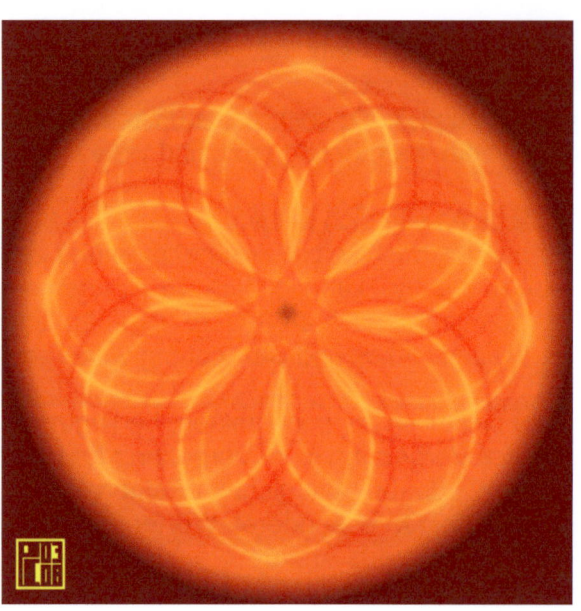

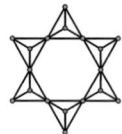

Ohne Sonne
kein Licht

Ohne Licht
kein Leben

Ohne Leben
keine Liebe

Ohne Liebe
Ist alles nichts

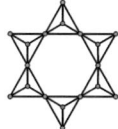

Lebensfeuer

Dieses Wort ist mir wie ein Funke entgegengestoben.
Was für ein kraftvolles Wort, welche Power steckt darin.
Meine Gedanken dazu gehen hin zur Energie, zur Freude, Lust,
Kraft, Liebe, Rot, Wärme, Licht, Elan, Antrieb, Vorwärtsstreben.....

Ein Mensch, in dem das Lebensfeuer so richtig lodert, geht aufrecht,
streckt „die Nase in den Wind", schaut voller Zuversicht nach vorn.
Dieser Mensch kann Herausforderungen annehmen und ihnen
positiv begegnen. So ist meine Empfindung zu diesem Wort.

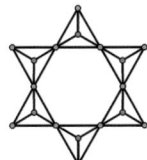 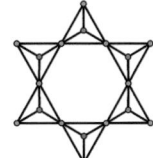 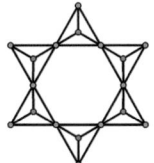

**Schenke mir das Feuer des Lebens, liebes Er-Leben,
damit ich voller Kraft und Energie den Alltag meistere.
Schenke mir ab und zu auch ein paar hochfliegende
Feuer-Funken, die mich dazu anfeuern und beflügeln
mögen die Besonderheiten des Lebens als Solche mit
allen Sinnen wahrzunehmen.**

Manchmal
möchte ich die Zeit anhalten

den Moment festhalten
um ihn
auch nur ja genug
und ganz innig
zu durchleben

Manchmal
möchte ich die Zeit anhalten

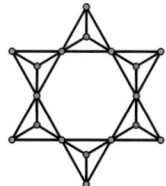

WORTE

Das gesprochene Wort hat große Bedeutung. Ist es erst einmal heraus aus dem Mund, kann es nicht wieder zurückgenommen werden. Die Stimmlage ist dabei oft von entscheidender Bedeutung. So kann ich in liebevollem Ton doch Hinweise geben, vielleicht sogar ermahnen wenn es notwendig erscheint. Dies wird der Andere besser annehmen können, als wenn mein Ton ein lauter, abwertender ist.

**Die Liebe des Menschen
lebt von gütigen Worten.**

Dies sind zwei Zeilen aus einem Gebet von Ludwig Köhler, das ich vor kurzem las.
Hat mich zum Nachdenken bewogen. Diese Aussage könnte bedeuten, dass wir Worte "brauchen" von denen wir "leben", unser „Inneres" dadurch stärken. Es könnten damit Worte gemeint sein die uns froh machen, aufbauende Worte, tröstende Worte, ermunternde Worte, lobende Worte, liebevolle Worte. Aber auch: Mut, Gerechtigkeit, Glück, Geduld, Freundlichkeit ....

Weitere „besondere" Worte über die ich gerne nachdenke sind:
Frohsinn, Integrität, Gesundheit, Harmonie, Heilung, Freundschaft, Humor, Mitgefühl......
Vielleicht hast du Lust dir ab und an eines dieser Worte auszusuchen oder selbst eines für dich zu finden und es in deinen Tag einzuladen, damit es dich begleitet.

**Lass mich darauf achten,
liebes Leben,
dass meine Worte
stets mit Bedacht gewählt
und ausgesprochen werden.**

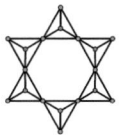

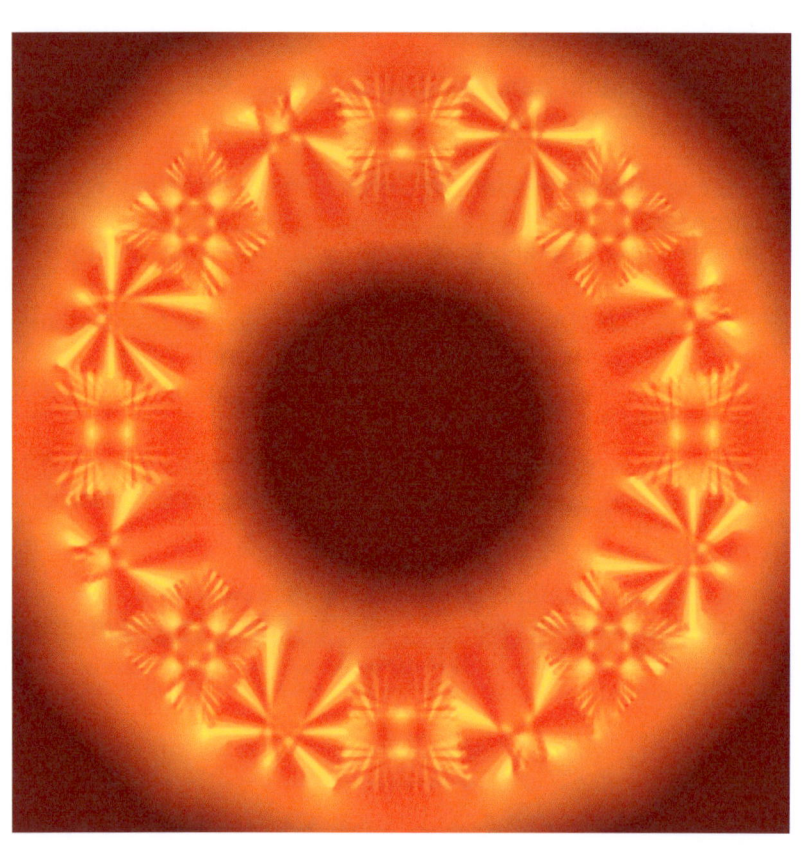

Und
manchmal
geschehen Dinge im Leben
die mich innehalten lassen,
die mich nachdenklich werden lassen.
Dann
erinnere ich,
dass es nötig ist
ein weites Herz zu haben,
angefüllt mit Nachsicht,
mit Humor und Freude
um den Alltag zu bestehen.

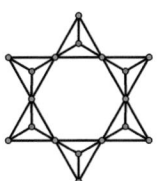

Beten

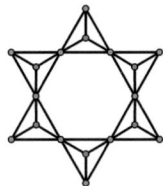

Beten meint für mich: Vertrauen wagen und Vertrauen haben zu Gott. Mich Gott anzuvertrauen, mich mitzuteilen in Form von Gedanken und Worten. Dadurch Zuversicht bekommen, Hoffnung schöpfen, Kraft und Mut erhalten.

Beten meint für mich auch: DANKE sagen, meine Freude zeigen, innere Ruhe bekommen, Einkehr halten, mein Herz zu öffnen......

......Fürbitten vorzutragen, Segen auszusprechen, ein frohes Lied zu singen. Denn auch ein frohes Lied oder ein liebevolles Lächeln sind für mich eine Form des Betens. Was bedeutet Beten für dich?

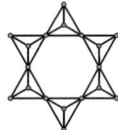

Hoffnung

Hoffnung zu haben, ist die innere Einstellung eines Menschen.
Eine positive Einstellung mit positiven Gefühlen.
Wenn ich Hoffnung habe, glaube ich fest daran, dass sich etwas
zum Guten wenden wird. Zum Beispiel, dass Konflikte sich lösen
lassen, verfahrene Situationen sich klären lassen, dass Gesundheit
und Heilung eintritt.

Wer Hoffnung hat,
wird seine Abwehrkräfte dadurch steigern können,
das ist meine feste Überzeugung.

Wer Hoffnung hat,
wird den Mut nicht wirklich verlieren,
das ist meine Erfahrung.

Wer Hoffnung hat,
wird Ideen entwickeln, das habe ich erlebt.

Hoffnung baut auf, gibt Kraft, lässt Stärke zu.

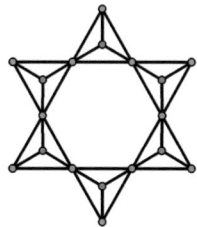

Energie

Zu diesem Wort habe ich sehr viele Assoziationen.
Es ist ein starkes Wort und mir ist so, als ob es Kraft zu
mir tragen würde.
So viele verschiedene Formen von Energie gibt es:
die Sonnenenergie, den Magnetismus, die Windenergie, das
Wasser, Elektrizität, Kraftstoffe, um nur einige zu nennen.

Für mich sehr wichtig sind auch die feinstofflichen, die nicht
messbaren Energien wie z.b. bunte Farben mit denen ich mich
umgebe, schöne Musik die ich anhöre, ein gutes Buch das ich lese,
liebevolle, aufrichtige Gedanken, ein besonderes Gespräch mit
einem lieben Menschen, einen Segen den ich empfangen darf
oder selbst für einen anderen Menschen sprechen darf.

Unendlich viele Facetten hat die Energie.
Viele positive, aber auch negative.
Wenn ich in einem großen Kaufhaus bin oder bei Straßenlärm,
Hektik oder Streit, auch bei Krankheit spüre ich, dass mir Energie
abhanden kommt und dass ich aufgefordert bin, meine „Batterien"
wieder aufzutanken.

Täglich nutze ich für mich die wunderbare Energie der Gebete.

Gott,
bitte schenke mir Kraft und Energie
für diesen Tag, für alle Tage.
Lege mir Deine Liebe ins Herz
damit mein Körper und meine Seele
auftanken können
um den Alltag besser zu bestehen.
Gib mir gute Gedanken und Ideen
in meinen Kopf und lass mich
in die Tat umsetzen, was wichtig
und richtig ist.

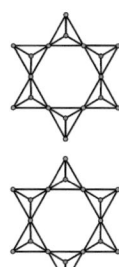

Gebetsflügel

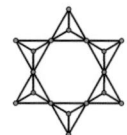

Großer Gott,
Schöpfer aller Himmel,
Schöpfer aller Erden,
der Du alles in Dir trägst,
das Weite und das Nahe,
das Große und das Kleine,
der Du uns Vater und Mutter bist.
Dein Name sei in aller Munde,
er verkündet vom Glauben, von der Liebe,
von Hoffnung und Heilung.
Lehre uns aufrichtiges Bereuen
jeglicher Verfehlung.
Lehre uns aufrichtige Vergebung und
das Loslassen aller Schuld.
Denn Vergebung schenkt Liebe und
Liebe schenkt Vergebung.
Das Eine ist nichts ohne das Andere.
So führe uns den Weg der Liebe
und berühre uns bitte mit Deinem Licht
welches leuchtet von Ewigkeit zu Ewigkeit.
Amen

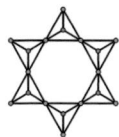

Ein neuer Tag
mit neuen Herausforderungen
mit neuen Impulsen
mit neuen Chancen
neuen Möglichkeiten
neuen Aufgaben
neuer Hoffnung
neuem Mut

zur Veränderung
zum Loslassen
zum Neubeginn
zur Einsicht
zum Aufeinanderzugehen
zur Vergebung
zur Freude

dafür Danke

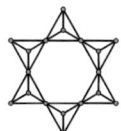

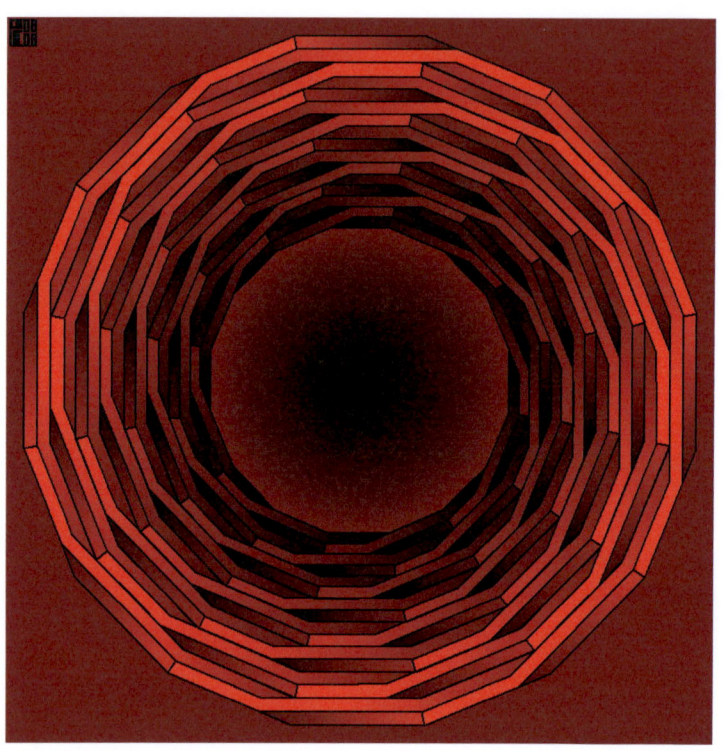

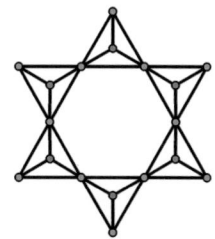

In der Tiefe
meines Herzens
die Hoffnung
zu suchen
zu finden
lehrst Du mich, Gott,
und
berührst mich
umgibst mich
trägst mich
mit Deiner Liebe.

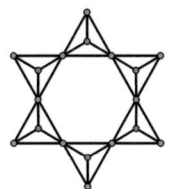

Gott ist das Licht
und dieses Licht
durchflutet uns mit Leben
und mit Liebe,
erfüllt uns mit Freude
und Geborgenheit,
erhellt unser Gemüt
und unser Denken,
es wärmt uns,
ist Nahrung für unsere Seele,
tröstet uns in der Nacht,
gibt uns Halt und Standfestigkeit,
hilft uns beim Verwurzeln
und Wachsen,
lässt uns aufblühen
und gedeihen,
und dieses Licht
ist Segen für uns.

Aber sprich nur ein Wort, Herr...

Dein Wort verbindet
mit dem Leben.
Es versöhnt
mit dem Leben.
Es erfreut
das Leben.
Es bringt Hoffnung
in diese Welt.

Aber sprich nur ein Wort, Herr...

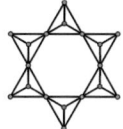

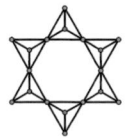

Zuweilen hilft mir
in den Himmel zu schauen
und die Sterne zu zählen,
die verstreut sich tummeln
im dunklen, samtigen Blau
des Firmaments,
um durchzuatmen,
meine Gedanken
wieder neu zu ordnen
und zu erkennen,
welches Glück ich habe,
dass ich leben darf
auf dieser Welt,
zu dieser Zeit,
an diesem Ort.

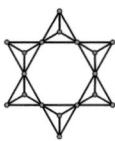

Immer wieder neu muss ich
meine Angewohnheiten überdenken
und die Muster in die ich verstrickt bin.
Muss mir bewusst machen,
wo ich Veränderung schaffen sollte
um meinen Mitmenschen
und auch mir selbst
immer wieder neu
begegnen zu können.
Dafür bitte ich um Deine Hilfe, Gott.

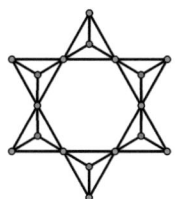

Körpergebet

Hab Dank, Körper,
dass ich in dir wohnen darf,
dass du mir dieses Haus gewährst.
Ich sehe dich, nehme dich wahr
in deiner Vollkommenheit,
ich spüre deine Stärke, deine Kraft.
Hab Dank, Körper,
für alles was du schon für mich getan hast
und noch für mich tun wirst.
Das Licht meines Herzens,
die Liebe meines Herzens
will ich dir dafür in jede einzelne Zelle schicken,
besonders aber dorthin
wo du nicht mehr in deiner Mitte bist.
Das Gute verschaffe sich Raum in dir.
So sei es.

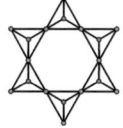

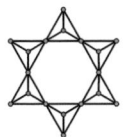

Segen
möge liegen
auf dem
festen Vertrauen
dass jeder Tag
Neues in sich birgt,
alle Möglichkeiten
in sich trägt
für Hoffnung
und Heilung,
für Zuversicht
und Neubeginn.

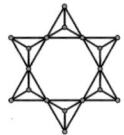

Worte wie Flügel

Worte der Achtsamkeit
Worte der Liebe
Worte des Segens

Worte wie Flügel

Segen möge liegen
auf jedem Wort aus jedem Mund